Lerchbacher · Variationen

Hans Lerchbacher
Variationen
Höchst ergötzliche und erbauliche
Parabeln über die Freiheiten der
deutschen Presse,
manipuliert und exemplifiziert
an nicht-genehmigten Darstellungen
der verschiedensten Medien

Verlag Neue Gesellschaft GmbH

CIP-Kurztitelaufnahme der Deutschen Bibliothek

Lerchbacher, Hans:
Variationen: höchst ergötzl. u. erbaul. Parabeln über d. Freiheiten d. dt. Presse, manipuliert u. exemplifiziert an nicht-genehmigten Darst. d. verschiedensten Medien. — 1. Aufl. — Bonn: Verlag Neue Gesellschaft, 1978.
ISBN 3-87831-286-5

© 1978 bei Verlag Neue Gesellschaft GmbH
Godesberger Allee 143, D-5300 Bonn 2
Alle Rechte vorbehalten
Nachdruck — auch auszugsweise — nur mit Genehmigung des Verlags
Umschlag: Joachim Riedel, Neunkirchen
Herstellung: Göttinger Druckerei- u. Verlagsgesellschaft mbH Göttingen
Printed in Germany 1978

ize)

Präludium

An einem Mittwochvormittag dieses Jahres fuhren zwei Amtsboten des Bundesministeriums für wirtschaftliche Zusammenarbeit (BMZ) mit dem Auto ins nahegelegene Bonner Journalistenzentrum am Tulpenfeld. Dort legten sie auf den Etagentischen der Pressehäuser und in den Abholfächern der Korrespondenten eine zwei Seiten umfassende Pressemitteilung über die entwicklungspolitische Zusammenarbeit der Bundesregierung mit dem afrikanischen Land Subäquatoria aus. Nach einer halben Stunde war ihre Arbeit beendet und sie kehrten in die Karl-Marx-Straße zurück.
Das Papier des BMZ trug den Hinweis „Sperrfrist: 17:00 Uhr". Ein solcher Vermerk bedeutet, daß das Ereignis, über das bereits am Vormittag berichtet wird, erst am Nachmittag über die Bühne geht. Da aber das Ergebnis der Verhandlungen des BMZ mit der subäquatorianischen Delegation von vornherein feststand, wurde es gewissermaßen „ante festum" veröffentlicht, um so zu erreichen, daß die Medien die Nachricht auch aufnehmen würden. Dies hatte seine guten Gründe. Denn erstens haben die meisten Zeitungen um 17:00 Uhr bereits Redaktionsschluß, d. h. ihre Korrespondenten bekommen keine Nachricht mehr ins Blatt. Und zweitens gehört der Mittwochnachmittag, nachrichtentechnisch gesprochen, dem Regierungssprecher; am Mittwoch tagt traditionsgemäß das Bundeskabinett.
Das Verteilen von schriftlichem „Material für die Presse" ist tägliche Routine im Bonn der Politiker, Funktionäre, Interessenvertreter und Journalisten. Jeder, der etwas auf sich hält oder für etwas gehalten werden möchte, produziert bedrucktes oder beschriebenes Papier, wenn er nicht gerade Pressekonferenzen, Pressehintergrundgespräche oder Pressearbeitsessen veranstaltet. Und selbst dabei werden häufig „Waschzettel" verteilt.
Schriftliche Unterlagen sind bei den Bonner Journalisten nicht gerade unbeliebt. Sie helfen Zeit sparen, geben Anhaltspunkte für vertiefende Recherchen,

bilden häufig die Grundlage für den eigenen Bericht aus der Bundeshauptstadt. Dies wissen die Pressereferenten des Parlaments, der Bundestagsfraktionen, der Parteien, der Bundesregierung samt ihrer Ministerien, der Verbände und all der zahllosen Organisationen, die in Bonn ihren Sitz haben. Sie bemühen sich deshalb, ihre Pressemitteilungen so geschickt abzufassen, daß sich möglichst viele ihrer „Essentials" in den Meldungen der Nachrichtenagenturen, Zeitungen, Rundfunkanstalten und Fernsehsender niederschlagen. Und natürlich wissen die Journalisten, daß die Pressereferenten die Politik ihrer Häuser „verkaufen" wollen.

Journalisten sind Individualisten. Sie fühlen sich in erster Linie ihrem Gewissen und dem Interesse ihrer Konsumenten (sprich: Leser, Hörer, Zuschauer) verpflichtet, haben aber in gleicher Weise das allgemeine Wohl im Auge. Nur böse Zungen können behaupten, es gebe seriöse und leichtfertige, linke und rechte, brillante und miese Vertreter dieses Berufszweiges. Das einzige, was Journalisten voneinander unterscheidet, ist der spezifische Stil — d. h.: die politische Grundhaltung — ihres Hauses. Alle versichern glaubwürdig, sich um eine möglichst objektive Darstellung von Vorgängen und Hintergründen zu bemühen.

Nur wenn man dies weiß und es bei der Lektüre ständig im Hinterkopf hat, kann man verstehen, warum die 41 Variationen ein und desselben Themas, die in diesem Buch wiedergegeben werden, alle, obwohl frei erfunden, „richtig" sind ...

Das Thema

DER BUNDESMINISTER
FÜR WIRTSCHAFTLICHE ZUSAMMENARBEIT

Pressereferent

Karl-Marx-Straße 4—6
Postfach 12 03 22
5300 BONN 1
Fernruf 53 51

(bitte bei Antwort angeben)

Sperrfrist: 17:00 Uhr

Material für die Presse

Die Bundesregierung hat der Regierung von Subäquatoria für das laufende Jahr eine entwicklungspolitische Unterstützung in Gesamthöhe von 35 Millionen D-Mark zugesagt; davon entfallen 5 Millionen D-Mark auf Projekte der Technischen Zusammenarbeit (TZ) und 30 Millionen D-Mark auf Vorhaben der Finanziellen Zusammenarbeit (FZ). Der Kredit wird zu den sog. „Standard"-Konditionen" gewährt: 2,0 Prozent Zinsen, 30 Jahre Laufzeit, davon 10 Freijahre.

Eine entsprechende Übereinkunft unterzeichneten am Mittwoch in Bonn der Staatssekretär des Bundesministeriums für wirtschaftliche Zusammenarbeit und der subäquatorianische Minister für Planung und Entwicklung, der sich zur Zeit an der Spitze einer Delegation seines Landes zu einem mehrtägigen Besuch in der Bundesrepublik Deutschland aufhält.

Der Minister wird im Verlauf seines Aufenthaltes auch Gespräche mit dem Bundespräsidenten, dem Bundeskanzler und mehreren Mitgliedern der Bundesregierung führen sowie Institutionen der deutschen Entwicklungspolitik und private Unternehmen besichtigen.

Die — wie üblich nicht-liefergebundene — Vereinbarung zwischen der Bundesrepublik Deutschland

und der Regierung von Subäquatoria betrifft fast ausschließlich Projekte im Südwesten des afrikanischen Landes, der zu den am wenigsten entwickelten Regionen zählt. Hier sollen insbesondere die Entwicklung der Landwirtschaft (Steigerung der Nahrungsmittelproduktion, Bau einer Musterfarm, Errichtung einer Düngemittelfabrik) sowie die Bewässerung und die Energieversorgung (Bau eines Staudammes) aus FZ-Mitteln gefördert werden. Die TZ-Maßnahmen zielen auf die bei diesen Projekten anfallenden Ausbildungsmaßnahmen ab.
Es sei Ziel der neuen Vereinbarung, erklärte der Staatssekretär des BMZ am Mittwoch dazu, zur Befriedigung der Grundbedürfnisse der Menschen in Subäquatoria beizutragen. Der subäquatorianische Minister dankte im Namen der Regierung seines Landes für die „großzügige Hilfe der Bundesrepublik Deutschland in den vergangenen zehn Jahren".

Die entwicklungspolitische Zusammenarbeit zwischen beiden Ländern hat seit Mitte der 60er Jahre einen Gesamtumfang von 180 Millionen D-Mark erreicht (davon 145 Millionen D-Mark FZ und 35 Millionen D-Mark TZ).

Bitte Sperrfrist beachten: 17:00 Uhr.

Die Variationen

Variation 1

dpa

Subäquatoria eins

Staatsbesuch aus Afrika in Bonn

Bonn, dpa. Zu einem viertägigen offiziellen Besuch der Bundesrepublik Deutschland ist am Mittwochvormittag eine mehrköpfige Delegation des afrikanischen Entwicklungslandes Subäquatoria in Bonn eingetroffen. Der Leiter der Delegation, der subäquatorianische Minister für Planung und Entwicklung, wird vom Bundespräsidenten empfangen werden sowie mit dem Bundeskanzler, dem Außenminister und anderen Regierungsmitgliedern politische Gespräche führen. Ferner stehen Besuche bei Institutionen der Entwicklungspolitik und bei führenden deutschen Unternehmen auf seinem Programm.

Schwerpunkt der Gespräche der subäquatorianischen Delegation in Bonn werden nach Mitteilung eines Regierungssprechers Fragen der bilateralen politischen und wirtschaftlichen Beziehungen sowie Probleme der Weltwirtschaft sein. Ferner dürften nach Ansicht von Bonner Beobachtern auch die gegenwärtigen Nord-Süd-Auseinandersetzungen erörtert werden. Subäquatoria gehört zu den prominenteren Vertretern der „Gruppe der 77", die grundlegende Reformen der Weltwirtschaftsordnung fordern. Es spielt außerdem innerhalb der Organisation für Afrikanische Einheit (OAE) eine nicht unbedeutende Rolle.

folgt Subäquatoria zwei

Subäquatoria zwei

Achtung, Redaktionen, dieser Teil hat Sperrfrist bis 17:00 (17:00) Uhr

35 Millionen Mark Entwicklungshilfe

Am Mittwochnachmittag unterzeichneten der subäquatorianische Minister für Planung und Entwicklung sowie der Staatssekretär des Bundesministeriums für wirtschaftliche Zusammenarbeit eine Vereinbarung über die diesjährige Entwicklungshilfe-Leistung Bonns an das afrikanische Land. Nach Mitteilung des BMZ hat die Bundesregierung dabei Entwicklungshilfe in Gesamthöhe von 35 Millionen Mark zugesagt, wovon 30 Millionen als Kredite (zwei Prozent Zinsen, 30 Jahre Laufzeit) und fünf Millionen als Zuschüsse gewährt werden. Die Projekte sollen der Entwicklung der Landwirtschaft sowie der Wasser- und Energieversorgung im Südwesten Subäquatorias zugute kommen. Dieser Teil des Landes gehört zu den besonders benachteiligten Regionen Subäquatorias.
Es sei Ziel der neuen Vereinbarung, so erklärte der Staatssekretär des BMZ, zur Befriedigung der Grundbedürfnisse der Menschen in Subäquatoria beizutragen. Der subäquatorianische Minister dankte im Namen seiner Regierung für die „großzügige Hilfe der Bundesrepublik in den vergangenen zehn Jahren" bei der wirtschaftlichen und sozialen Entwicklung seines Landes.

Ende

Variation **2**

ddp

180 Millionen für Subäquatoria

Bonn, ddp. Das afrikanische Entwicklungsland Subäquatoria wird Entwicklungshilfe von insgesamt 180 Millionen Mark erhalten. Darauf haben sich am Mittwoch in Bonn der Staatssekretär des BMZ und eine subäquatorianische Delegation geeinigt. Die jüngste Rate dieser Unterstützung in Höhe von 35 Millionen Mark wird nach Angaben des BMZ in diesem Jahr fällig.

Ende

Variation 3

Kurzmeldung mehrerer Abendnachrichten-Sendungen

Bonn. Die Bundesregierung hat heute dem afrikanischen Land Subäquatoria Entwicklungshilfe von 35 Millionen Mark zugesagt. Damit soll der Bau eines Staudammes, einer Düngemittelfabrik und einer Musterfarm im Südwesten des Landes finanziert werden. Es sei das Ziel der neuen Vereinbarung, zur Befriedigung der Grundbedürfnisse der Menschen dieses Landes beizutragen, erklärte der zuständige Staatssekretär des BMZ. Die subäquatorianische Delegation wird im Verlauf ihres Besuches in Bonn auch vom Bundespräsidenten und vom Bundeskanzler empfangen werden.

Variation 4

Aus dem „heute-journal" (21:00 Uhr)

Der Bundesaußenminister empfing heute in Bonn den subäquatorianischen Planungsminister — zweiter von rechts — zu einem ausführlichen Meinungsaustausch über Fragen des Verhältnisses zwischen Industrie- und Entwicklungsländern. Beide Minister stimmten darin überein, daß die derzeitige Struktur der Weltwirtschaft die Entwicklungsländer benachteilige. Der Bonner Außenminister versicherte seinem afrikanischen Gast, die Bundesregierung unterstütze die Dritte Welt in ihren Forderungen nach einer vernünftigen Verbesserung ihrer wirtschaftlichen Lage.

Variation 5

ARD

17:50 Uhr: tagesschau: —

20:00 Uhr: tagesschau: —

22:30 Uhr: tagesthemen: —

00:15 Uhr: tagesschau: —

Variation 6

Interview in englischer Sprache mit dem subäquatorianischen Minister für Planung und Entwicklung, ausgestrahlt in den Sendungen der Deutschen Welle für Afrika:

DW: Herr Minister, wie beurteilen Sie das Ergebnis Ihrer heutigen Verhandlungen im Bundesministerium für wirtschaftliche Zusammenarbeit?

Antwort: Nun, lassen Sie mich zunächst einmal unterstreichen, daß die Regierung und das Volk von Subäquatoria der deutschen Bevölkerung ganz außerordentlich dankbar sind für die bisherige und auch für die heute vereinbarte zukünftige Unterstützung beim wirtschaftlichen Aufbau unseres Landes. Ich bin sehr glücklich, daß ich heute diesen Dank dem Staatssekretär des Bundesministeriums für wirtschaftliche Zusammenarbeit persönlich ausdrücken konnte, einem Mann, den ich — nachdem ich ihn bereits vor etwa zwei Jahren in meiner Heimat kennen und schätzen gelernt habe — mich nicht scheue, als einen Freund Subäquatorias zu bezeichnen.

DW: Herr Minister, können Sie unseren Hörern Einzelheiten über die heute geschlossene Vereinbarung mitteilen?

Antwort: Nun, die Bundesregierung hat unserer Regierung für dieses Jahr einen 30-Millionen-Mark-

Kredit zu einem äußerst günstigen Zinssatz zugesagt. Darüber hinaus haben wir weitere fünf Millionen Mark Technischer Hilfe vereinbart.

DW: Das sind Zuschüsse, die Sie nicht zurückzahlen müssen. Für welche Projekte, Herr Minister, sollen diese Mittel verwendet werden?

Antwort: Nun, wir haben vereinbart, daß diese Gelder der Entwicklung der südwestlichen Region unseres Landes zugute kommen sollen, die, wie Sie wissen, zu den benachteiligten Gebieten meiner Heimat gehört. Dort soll vor allem die Landwirtschaft gefördert werden — beispielsweise durch den Bau einer Düngemittelfabrik, eines Staudammes und einer Musterfarm.

DW: Wenn ich Sie richtig verstehe, sollen in diesem Landesteil die Basic Needs, also die Grundbedürfnisse der Menschen, befriedigt werden...

Antwort: Wenn Sie diesen internationalen Fachausdruck verwenden wollen: So ist es.

DW: Jetzt zu einem anderen Thema, Herr Minister. Bilaterale Beziehungen zwischen Industrie- und Entwicklungsländern sind eine Seite der Medaille. Im globalen Nord-Süd-Verhältnis spielen jedoch seit einigen Jahren ganz andere Themen eine beherrschende Rolle. Ich nenne als Stichworte: Neue Weltwirtschaftsordnung, Integriertes Rohstoffprogramm, Gemeinsamer Fonds, Erleichterung der Schuldenlast vieler Länder der Dritten Welt. Die Bundesrepublik Deutschland steht dabei in dem Ruf, „the hardest of the hard-liners" zu sein; viele sprechen vom „häßlichen Deutschen". Wie ist Ihr Bild von den Deutschen nach Ihrem Aufenthalt in Bonn?

Antwort: Nun, Sie haben zurecht von den zwei Seiten einer Medaille gesprochen. Meine Regierung ist — ich möchte das noch einmal unterstreichen — außerordentlich dankbar für die großzügige Unterstützung, die uns Ihr Land angedeihen läßt. Aber gerade deshalb — und ich hoffe, unter Freunden wird ein kritisches Wort nicht falsch verstanden — verstehen meine Regierung und mit uns zusammen viele andere Mitglieder der „Gruppe der 77" nicht, warum dieses so reiche Land Bundesrepublik Deutschland, das zu den drei führenden Wirtschaftsmächten der Welt gehört, nicht die gleiche Großzügigkeit in multilateralen Reformen zeigt, wie sie im bilateralen Verhältnis zum Ausdruck kommt.

DW: Sie bezeichnen uns als reich, Herr Minister. Wie sieht für einen „Otto Normalverbraucher" in der Dritten Welt, wenn ich das einmal so sagen darf, die Bundesrepublik Deutschland aus?

Antwort: Nun, ich kann Ihnen eine ganz konkrete Antwort geben, da ich Ende der 40er Jahre in Europa studiert habe. Die Bundesrepublik Deutschland sieht für uns in der Dritten Welt heute aus wie die Luxus-Supermacht USA für die Trümmerfrau des Jahres 1946. Sie haben damals nicht nur Care-Pakete, sondern auch viele Milliarden Dollar durch den Marshall-Plan bekommen — und dies, obwohl Ihr Land zwei Weltkriege angezettelt und verloren hat.
Wir in der Gemeinschaft der Dritten Welt haben keinen Krieg gegen die reichen Industrienationen angestrengt. Aber auch uns würde eine großzügigere Unterstützung unendlich helfen. Nebenbei: Wie die Geschichte beweist, kommt eine solche Hilfe auch dem Gebenden zugute.

DW: Vielen Dank, Herr Minister, für dieses Gespräch.

Variation 7

Parlamentarisch-Politischer Pressedienst

**Ein Beitrag zur
sozialdemokratischen Friedenspolitik**

Bonn, ppp. Als einen bedeutenden Beitrag zur Friedenspolitik der sozialdemokratisch geführten Bundesregierung bezeichnete der für Entwicklungspolitik zuständige Obmann der sozialdemokratischen Bundestagsfraktion am Mittwoch in Bonn die am gleichen Tag geschlossene Vereinbarung mit Subäquatoria über die wirtschaftliche Zusammenarbeit in diesem Jahr. Der Staatssekretär des Bundesministeriums für wirtschaftliche Zusammenarbeit habe damit erneut deutlich gemacht, daß nur Sozialdemokraten in der Lage seien, in vertrauensvoller Zusammenarbeit mit dem liberalen Koalitionspartner Vorsorge für die Zukunft der Bundesrepublik Deutschland zu treffen.
Subäquatoria wird in diesem Jahr Entwicklungshilfe für 35 Millionen Mark erhalten. Sie soll vorwiegend im Südwesten des Landes eingesetzt werden und dort zur Verbesserung der Landwirtschaft, zum Bau einer Düngemittelfabrik und zum Bau eines Staudammes verwandt werden. Insgesamt hat das Bundesministerium für wirtschaftliche Zusammenarbeit, das seit 1966 ausschließlich von sozialdemokratischen Ministern geleitet wird, Subäquatoria in den vergangenen zehn Jahren Entwicklungshilfe in Höhe von 180 Millionen Mark zugesagt.

Variation **8**

Proteste bei Entwicklungshilfe-Verhandlungen einer subäquatorianischen Delegation in Bonn

Bonn (epd). Scharfen Protest gegen die Regierung des afrikanischen Landes Subäquatoria hat am Mittwoch in Bonn der „Arbeitskreis Freiheit für die Dritte Welt" erhoben. In einer schriftlichen Erklärung appellierte er an die Regierung von Subäquatoria, ihre politischen Gegner, die sie bei ihrer Machtübernahme vor knapp zehn Jahren verhaftet hatte, aus den Gefängnissen des Landes zu entlassen. Mitglieder des Arbeitskreises versuchten, der subäquatorianischen Delegation eine entsprechende Resolution zu überreichen; ihnen wurde jedoch der Zutritt zu der Botschaft des Landes in Bonn verweigert.

Daraufhin forderte der Arbeitskreis die Bundesregierung auf, ihre entwicklungspolitische Zusammenarbeit mit Subäquatoria einzustellen. Eine Regierung, die die Opposition brutal unterdrücke, dürfe nicht Empfänger von Entwicklungshilfe eines demokratischen Landes sein, erklärten Mitglieder des Arbeitskreises auf einer eilig einberufenen Pressekonferenz in Bonn. Die Bundesregierung solle sich eindeutig auf die Seite der Unterdrückten stellen.

Dazu erklärte ein Sprecher des BMZ auf Anfrage von epd, die Bundesregierung orientiere sich in ihrer weltweiten entwicklungspolitischen Zusammenar-

beit ausschließlich an den Kriterien der Bedürftigkeit von Menschen und Ländern.
Entwicklungspolitik dürfe nicht dazu dienen, „gute Staaten zu belohnen oder mißliebige Staaten zu bestrafen". In den vergangenen zehn Jahren, so betonte der Sprecher, habe es nur ganz wenige Ausnahmen von diesem Prinzip gegeben: Die Militärdiktaturen in Griechenland und Chile.
Subäquatoria wird nach Angaben des BMZ in diesem Jahr 35 Millionen Mark Entwicklungshilfe erhalten; davon entfallen 30 Millionen Mark auf Kredite und fünf Millionen Mark auf Zuschüsse. Mit diesen Mitteln sollen ausschließlich Projekte im Südwesten des Landes gefördert werden, wobei die Landwirtschaft im Vordergrund steht. Insgesamt hat Subäquatoria in den vergangenen zehn Jahren 180 Millionen Mark Entwicklungshilfe zugesagt bekommen.

Variation 9

KNA

Bonn fördert Eigenversorgung der Dritten Welt

Bonn, KNA. Die Entwicklungshilfe der Bundesregierung für Subäquatoria wird sich in Zukunft auf den Südwesten dieses afrikanischen Landes konzentrieren, der zu den ärmsten Regionen gehört. Das haben am Mittwoch in Bonn der Staatssekretär des Bundesministeriums für wirtschaftliche Zusammenarbeit und der subäquatorianische Minister für Planung und Entwicklung vereinbart, der sich zur Zeit zu einem Besuch in der Bundesrepublik Deutschland aufhält. Dabei soll mit Vorrang die Entwicklung des ländlichen Raums gefördert werden.

Mit dieser Haltung verfolgt die Bundesregierung eine Politik, die im Bereich der entwicklungspolitischen Arbeit der Kirchen in Ländern der Dritten Welt schon seit vielen Jahren praktiziert wird. Es hat sich nämlich herausgestellt, daß Großprojekte nur in ohnehin bereits relativ erschlossenen Gebieten durchgeführt werden und damit die Menschen in den besonders zurückgebliebenen Gegenden benachteiligen bzw. daß in diesen verarmten Regionen Projekte nur dann einen Sinn haben, wenn dafür eine „Basis" geschaffen worden ist. Dies heißt in aller Regel, daß die Regierung eines Landes in der Lage sein muß, die Menschen ausreichend mit Nahrungsmitteln zu versorgen und ihnen Möglichkeiten für Arbeit und Einkommensverbesserung zu schaffen.

In einem Schreiben an das Bundesministerium für wirtschaftliche Zusammenarbeit haben die Zentralstelle für Entwicklungshilfe und das kirchliche Hilfswerk „Misereor" noch am Mittwoch der Bundesregierung angeboten, ihr bei der Verwirklichung der geplanten Vorhaben im Südwesten von Subäquatoria ihre guten Dienste zur Verfügung zu stellen. Die katholische Kirche unterstützt seit fast sieben Jahren in dieser Gegend den Aufbau von landwirtschaftlichen Genossenschaften; sie trägt damit nicht nur zur Verbesserung der Ernährungssituation bei, sondern mobilisiert gleichzeitig Selbsthilfe-Bewegungen der Landbevölkerung.

Die Bundesregierung wird, wie das BMZ am Mittwoch in einer Pressemitteilung erklärte, Subäquatoria in diesem Jahr insgesamt 35 Millionen Mark Entwicklungshilfe zur Verfügung stellen, davon 30 Millionen Mark als Kredit und fünf Millionen Mark als Zuschuß. Mit diesen Mitteln soll im Südwesten des Landes die Steigerung der Nahrungsmittelproduktion, der Bau einer Musterfarm, die Errichtung einer Düngemittelfabrik sowie der Bau eines Staudammes unterstützt werden. Ein Teil der Gelder soll ferner zur Ausbildung der in diesen Projekten tätigen Subäquatorianer eingesetzt werden. Es sei das Ziel der neuen Vereinbarung, so erklärte der Staatssekretär des BMZ, zur Befriedigung der Grundbedürfnisse der Menschen in diesem afrikanischen Land beizutragen.

Variation **10**

Frankfurter Rundschau
Unabhängige Tageszeitung

Deutschland-Ausgabe

Zinsen fressen Hilfe auf

Langfristig schafft Entwicklungshilfepolitik auch Probleme / 35 Millionen Mark für Subäquatoria

Bonn (Eig. Bericht). Das afrikanische Land Subäquatoria erhält in diesem Jahr deutsche Entwicklungshilfe im Gesamtwert von 35 Millionen Mark. Das haben am Mittwoch in Bonn der Staatssekretär des Bundesministeriums für wirtschaftliche Zusammenarbeit (BMZ) und eine Delegation aus Subäquatoria vereinbart. Von dieser Summe werden 30 Millionen Mark als Kredit und fünf Millionen Mark als verlorener Zuschuß gegeben.
In einem Land wie Subäquatoria könne Entwicklungshilfe auch wirtschaftliche Probleme nach sich ziehen, meinten politische Beobachter dazu am Mittwoch in Bonn. Sie wiesen in diesem Zusammenhang auf das ständig wachsende Außenhandels-Defizit und auf die ebenfalls enorm gestiegenen Schulden des Landes hin.
Allein der Handel mit der Bundesrepublik ist für Subäquatoria ein Minus-Geschäft. Von dem gesamten bilateralen Handelsvolumen des vergangenen Jahres, das nach Angaben des Bundeswirtschaftsministeriums bei 728 Millionen Mark lag, entfielen 480 Millionen Mark auf Importe aus der Bundesrepublik, aber nur 248 Millionen Mark auf Ausfuhren nach Deutschland. Dies heißt, daß Subäquatoria doppelt so viele Devisen in der Bundesrepu-

blik ausgeben mußte, als es durch den Verkauf seiner Waren und Güter einnehmen konnte.

Diese Situation, die auch bei den Handelsbeziehungen Subäquatorias mit den meisten anderen Industrieländern gegeben ist, wird zusätzlich verschärft durch die hohe Auslandsverschuldung des Landes, die umgerechnet weit über 10 Milliarden Mark beträgt. Die Schuldendienstrate beträgt zur Zeit rund 30 Prozent, d.h. von jeweils zehn verdienten Mark muß Subäquatoria drei Mark alleine ausgeben, um seinen internationalen finanziellen Verpflichtungen nachkommen zu können.

Auch in den entwicklungspolitischen Beziehungen spielen, wie das BMZ auf Anfrage der FR bestätigte, diese Schwierigkeiten Subäquatorias eine Rolle. Das Land zahle seine ihm seit Jahren gewährten Kredite zwar pünktlich zurück, aber in wenigen Jahren bereits werde die Höhe der Rückzahlungen die voraussichtliche Höhe neuer Entwicklungskredite übersteigen. Spätestens in den 80er Jahren gelte es, nach neuen Formen der wirtschaftlichen Zusammenarbeit mit Subäquatoria, aber auch mit anderen Entwicklungsländern zu suchen, erklärte der Sprecher des BMZ abschließend gegenüber der FR.

Variation **11**

Frankfurter Allgemeine
ZEITUNG FÜR DEUTSCHLAND

Herausgegeben von Bruno Dechamps, Jürgen Eick, Fritz Ullrich Fack, Joachim Fest, Johann Georg Reißmüller, Erich Welter

Bonn auf neuem Dritte-Welt-Kurs?

Umrisse einer gewandelten Politik
gegenüber den Entwicklungsländern

Bonn. Die Bonner Außenpolitik gegenüber der Dritten Welt scheint in Bewegung gekommen zu sein. Diesen Schluß ziehen politische Beobachter in der Bundeshauptstadt nach einem Gespräch des subäquatorianischen Ministers für Planung und Entwicklung, der am Mittwoch zum Auftakt eines mehrtägigen Besuches in der Bundesrepublik den für die Beziehungen zu den Entwicklungsländern zuständigen Staatsminister des Auswärtigen Amtes in Bonn zu einer längeren Unterredung aufgesucht hat.

Es sei ein Punkt dieser neuen Politik, so war in Bonn aus gewöhnlich gut informierter Quelle zu hören, die bilateralen Kontakte zu den mehr als 100 Entwicklungsländern, mit denen die Bundesrepublik diplomatische Beziehungen unterhält, auszubauen und zu intensivieren. Dabei soll auf etwa ein Dutzend „Schlüsselländer" besonderer Wert gelegt werden. Diese Länder gelten als Wortführer der „Gruppe der 77" in den Vereinten Nationen, in denen die Dritte Welt über die überwältigende Abstimmungsmehrheit verfügt. Die Entwicklungsländer haben diese Majorität schon mehrfach gegen die Bundesrepublik ausgespielt. Es soll nun erreicht werden, die „Schlüsselländer" innerhalb der „Gruppe

der 77" von der Sinnhaftigkeit der deutschen Außenpolitik zu überzeugen, so daß sie ihrerseits bei anderen Vertretern der Dritten Welt um Verständnis für die deutsche Außenpolitik werben.
Zu der Gruppe dieser „Schlüsselländer" gehört auch Subäquatoria. Nach dem Gespräch des subäquatorianischen Ministers mit dem deutschen Staatsminister war am Mittwoch in Bonn zu hören, daß bei diesem Treffen der neue Bonner Dritte-Welt-Kurs eine entscheidende Rolle gespielt habe. Es sei dem deutschen Staatsminister durchaus gelungen, die Überlegungen der Bundesregierung darzulegen. Er habe dabei zusätzlich darauf hingewiesen, daß die Erwartungen, die viele Entwicklungsländer in die wirtschaftliche Kraft der Bundesrepublik setzten, angesichts der großen ökonomischen und arbeitsmarktpolitischen Probleme hierzulande nicht zu hoch geschraubt werden dürften.
Der subäquatorianische Minister für Planung und Entwicklung, so war aus der gleichen Quelle zu hören, habe diese Bonner Haltung „positiv zur Kenntnis genommen". Beide Gesprächspartner hätten übereinstimmend den guten Geist der bilateralen Beziehungen gewürdigt, der „auch an anderen Orten" zum Ausdruck komme. Es wurde im Verlaufe des Gesprächs schließlich vereinbart, daß die Außenminister von Subäquatoria und der Bundesrepublik Deutschland sich in Zukunft regelmäßig zur bilateralen Konsultation treffen werden. Ein Sprecher des Auswärtigen Amtes teilte dazu mit, die erste dieser Konsultationen solle in etwa einem halben Jahr in der subäquatorianischen Hauptstadt stattfinden.
Zum Abschluß des Treffens im Auswärtigen Amt gab der deutsche Staatsminister seinem afrikanischen Gast offiziell bekannt, daß die Bundesregierung Subäquatoria in diesem Jahr mit 35 Millionen Mark entwicklungspolitisch unterstützen werde; von dieser Summe entfallen 30 Millionen Mark auf zinsgünstige Kredite und fünf Millionen Mark auf Zu-

schüsse. Die Mittel seien für Projekte im Südwesten Subäquatorias vorgesehen, wo sie zur Verbesserung der Landwirtschaft dienen sollen. Es sei unter anderem daran gedacht, den Bau einer Musterfarm, einer Düngemittelfabrik und eines Staudammes finanziell und durch die Bereitstellung von Ausbildungsmöglichkeiten für Subäquatorianer zu fördern. Die Bundesregierung wolle mit ihrer Unterstützung zur wirtschaftlichen und sozialen Entwicklung dieses afrikanischen Landes einen Beitrag leisten, betonte der Bonner Staatsminister gegenüber seinem Gesprächspartner.

Variation **12**

SüddeutscheZeitung
MÜNCHNER NEUESTE NACHRICHTEN AUS POLITIK · KULTUR · WIRTSCHAFT · SPORT

Aktuelles Lexikon: Basic Needs

Die menschlichen Grundbedürfnisse stehen im Mittelpunkt der entwicklungspolitischen Kooperation, die das Bundesministerium für wirtschaftliche Zusammenarbeit (BMZ) und die Regierung von Subäquatoria für dieses Jahr vereinbart haben (Gesamthöhe: 35 Millionen Mark).
Diese Grundbedürfnisse, im entwicklungspolitischen Fachjargon „Basic Needs" genannt, beherrschen seit einiger Zeit die internationale Diskussion. Was ist darunter zu verstehen? Nichts weiter als der laufende Mindestbedarf eines Menschen bzw. seiner Familie: Ernährung, Unterkunft, Kleidung sowie lebensnotwendige Dienstleistungen wie Trinkwasser, sanitäre Anlagen, Verkehrsmittel, Gesundheits- und Bildungseinrichtungen und die Möglichkeit zu arbeiten und ein angemessenes Einkommen zu erzielen.
Vergleicht man diese Mindestansprüche an ein „menschenwürdiges" Leben mit der Wirklichkeit in den allermeisten Ländern Asiens, Afrikas und Lateinamerikas, so erhält man nahezu unfaßbare Ergebnisse: 1,2 Milliarden Menschen müssen als „sehr arm" bezeichnet werden — das sind zwei von drei Einwohnern der Entwicklungsländer oder die zwanzigfache Zahl der Einwohner der Bundesrepublik Deutschland. Und von diesen 1,2 Milliarden Menschen gelten etwa 700 bis 750 Millionen als „völlig verarmt" (40 Prozent der Bevölkerung).

Robert S. McNamara, der ehemalige amerikanische Verteidigungsminister und jetzige Präsident der Weltbank, hat ihre Situation einmal so beschrieben: „Bei den absolut Armen handelt es sich um Menschen im Zustand völliger Entbehrung, die unter für unsere verfeinerte Fantasie und komfortable Lebensweise fast unfaßbar schmutzigen und entwürdigenden Verhältnissen einen Kampf ums nackte Überleben führen."
Zahlreiche internationale Organisationen (z. B. UNICEF, WHO, ILO, Weltbank) haben Maßstäbe und Strategien zur Befriedigung der Grundbedürfnisse entwickelt. Auch einige Industrieländer setzen in ihrer entwicklungspolitischen Arbeit besondere Akzente auf die Basic Needs.
Viele Länder der Dritten Welt allerdings sehen diese neuen Maßnahmen und Pläne als einen Versuch der Industrieländer an, von der Dringlichkeit einer Reform der Weltwirtschaftsordnung abzulenken. Für sie sind die miserablen Lebensbedingungen ihrer Menschen nicht Ursache, sondern Folge der seit Jahrzehnten praktizierten Benachteiligung der Entwicklungsländer in der Weltwirtschaft.

Variation **13**

UNABHÄNGIGE TAGESZEITUNG FÜR DEUTSCHLAND

Opposition fordert Minister-Rücktritt

Scharfe Angriffe gegen Regierung wegen allzu nachgiebiger Haltung in Nord-Süd-Verhandlung

DW, Bonn

Die Bundesregierung nehme in den zur Zeit stattfindenden internationalen Gesprächen über eine Reform der Weltwirtschaftsordnung eine allzu nachgiebige Haltung ein; sie schade damit den Interessen der Bundesrepublik Deutschland. Dies erklärte der entwicklungspolitische Sprecher der CDU/CSU-Opposition im Bundestag am Mittwoch in einem Gespräch mit der „Welt". „Um Schaden vom deutschen Volk abzuwenden, verlange ich aus diesem Grund den Rücktritt des zuständigen Entwicklungsministers", fügte der Politiker hinzu.
Zur Begründung seiner Forderung wies der entwicklungspolitische „Kopf" der Opposition gegenüber der „Welt" auf folgenden Tatbestand hin: Im derzeit in Genf tagenden Unterausschuß des Zweiten Arbeitskreises der UNCTAD-Kommission für die Ausgestaltung eines Gemeinsamen Fonds zur Finanzierung des Integrierten Rohstoffprogramms habe der Vertreter der Bundesregierung, ein leitender Beamter des BMZ, keinen Einspruch gegen die von Entwicklungsländerseite vorgeschlagene Formulierung erhoben, daß dieser Fonds bereits „vor Inkrafttreten des Integrierten Rohstoffprogramms

Finanzmittel erhalten" und darüber hinaus „diese auch zu Programm-relevanten Aktivitäten verwenden" könne. Damit habe der BMZ-Beamte eine Politik bejaht, die sein Minister im zuständigen Bundestagsausschuß expressis verbis abgelehnt habe.

Eine solche Haltung, so erklärte der CDU-Abgeordnete weiter, sei eine Mißachtung des Parlaments. Sie stelle in ihrer Substanz eine Verleugnung der Prinzipien der freien und sozialen Marktwirtschaft dar, die die Opposition während ihrer Regierungszeit immer bejaht habe. Wenn nun ein BMZ-Vertreter in einem internationalen Gremium einer solchen Formulierung zustimme, dann müsse der Verantwortliche die Konsequenzen ziehen und sein Amt zur Verfügung stellen, betonte der Oppositionspolitiker. Das Verhalten des leitenden Beamten sei im übrigen der Beweis dafür, wie recht die Opposition mit ihrer seit Jahren erhobenen Kritik an der Bundesregierung habe.

Der Staatssekretär des BMZ unterzeichnete am Mittwoch in Bonn eine Vereinbarung über die entwicklungspolitische Zusammenarbeit mit dem afrikanischen Land Subäquatoria für das laufende Jahr. Sie sieht Entwicklungshilfe-Leistungen in Höhe von 35 Millionen Mark vor, von denen 30 Millionen als Kredit und fünf Millionen als Zuschuß gewährt werden. Die Projekte — ein Staudamm, eine Musterfarm und eine Düngemittelfabrik — sollen im Südwesten des Landes errichtet werden, der zu den am wenigsten entwickelten Gebieten Subäquatorias gehört. Damit haben die Gesamtleistungen der Bundesrepublik Deutschland an Subäquatoria eine Höhe von 180 Millionen Mark erreicht.

Variation **14**

Handelsblatt
WIRTSCHAFTS- UND FINANZZEITUNG

Beitrag zur Zukunftssicherung

Bonn. Die Bundesregierung hat am Mittwoch der Regierung von Subäquatoria für das laufende Jahr eine entwicklungspolitische Unterstützung in Gesamthöhe von 35 Millionen D-Mark zugesagt; davon entfallen 5 Millionen D-Mark auf Projekte der Technischen Zusammenarbeit (Zuschüsse) und 30 Millionen D-Mark auf Vorhaben der Finanziellen Zusammenarbeit (Kredite zu 2 % Zinsen bei 30 Jahren Laufzeit mit 10 Freijahren). Insgesamt haben damit die entwicklungspolitischen Maßnahmen für Subäquatoria seit Mitte der 60er Jahre einen Umfang von 180 Millionen D-Mark erreicht (davon 145 Millionen D-Mark Kredite und 35 Millionen D-Mark Zuschüsse).
Diese Hilfsmaßnahmen für Subäquatoria sind, wie Kreise des Bundeswirtschaftsministeriums am Mittwoch erklärten, durchaus sinnvoll eingesetze Gelder. Denn dieses afrikanische Land gilt wegen seines Reichtums an einigen tropischen Hölzern und NE-Metallen sowie wegen seiner Kakao-Produktion als ein recht starker wirtschaftlicher Partner der Bundesrepublik Deutschland in der Dritten Welt. Seine Stellung dürfte sich in Zukunft noch erhöhen, nachdem in Subäquatoria erfolgversprechende Erdöl-Funde gemacht wurden.
Für die volkswirtschaftliche Situation der Bundesrepublik Deutschland ist die Bedeutung der Kooperation mit den Entwicklungsländern — insgesamt

betrachtet — in den vergangenen Jahren gestiegen; daran ist nicht zuletzt die Vervierfachung der Erdölpreise zum Jahreswechsel 1973/74 schuld. Zusammen mit den Erdöl-Importen macht der Anteil der Entwicklungsländer am gesamten Außenhandel der Bundesrepublik mittlerweile knapp 25 Prozent aus; er ist damit größer als der Außenhandel der Bundesrepublik mit den USA, England und Frankreich zusammen.

Ferner haben deutsche Investoren etwas mehr als 30 Prozent ihrer Ausland-Investitionen in Staaten der Dritten Welt getätigt. Auch beim Import von notwendigen Rohstoffen (außer Erdöl) ist nominal und prozentual der Anteil der Entwicklungsländer gewachsen. Der gesamte Kaffee, Kakao und Tee, der in der Bundesrepublik konsumiert wird, stammt aus der Dritten Welt. Zwischen 75 und 90 Prozent liegt die Importabhängigkeit beispielsweise bei Kupfer, Zinn, Aluminium und Antimon. Ebenfalls mehr als 50 Prozent Kautschuk, Holz, Baumwolle und Jute kommen aus Entwicklungsländern. Insgesamt ist die Importwirtschaft zu etwa 40 Prozent von der Dritten Welt abhängig. Berechnungen mehrerer wirtschaftswissenschaftlicher Institute haben ergeben, daß in der Exportindustrie der Bundesrepublik zwischen 800.000 und 850.000 Arbeitsplätze von Aufträgen aus Asien, Afrika und Lateinamerika abhängig sind; zählt man die europäischen Entwicklungsländer dazu, sind es sogar 1,14 Millionen.

Nicht zuletzt auf die Erkenntnis dieser wirtschaftlichen Zusammenhänge scheint es zurückzuführen zu sein, daß das Bonner Wirtschaftsministerium seine jahrelange skeptische Einstellung gegenüber dem Bundesministerium für wirtschaftliche Zusammenarbeit allmählich zu korrigieren bereit ist. Der Beitrag der Entwicklungspolitik für die Zukunftssicherung der Bundesrepublik Deutschland wird auch in diesem Hause anerkannt — eine Haltung, die die deutsche Wirtschaft schon längst eingenommen hat.

Variation 15

WESTDEUTSCHE ALLGEMEINE WAZ
Unabhängige Tageszeitung — Höchste Auflage im Ruhrgebiet

So weit die Füße tragen ...

Das Schicksal afrikanischer Frauen und Kinder — geschildert am Beispiel Subäquatoria / Abhilfe durch Entwicklungshilfe

Entwicklungshilfe in Höhe von 35 Millionen Mark wird das afrikanische Land Subäquatoria in diesem Jahr aus Deutschland erhalten. Dies hat am Mittwoch der Staatssekretär des Bundesministeriums für wirtschaftliche Zusammenarbeit in Bonn einer Delegation aus Subäquatoria zugesagt. Zum erstenmal soll deutsche Hilfe in den ärmsten Teil des Landes, in den Südwesten, fließen. Unser Redaktionsmitglied B. M. Zetterling hat diese Region vor mehreren Monaten besucht. Er schildert in dem folgenden Bericht seine Eindrücke:

Miriam ist acht Jahre alt, aber sie sieht aus wie fünf. Auf ihrem schmalen, schwarzen Gesicht mit den dunklen Augen liegt ein unkindlicher trauriger Ernst. Die spindeldürren Arme und Beine und der aufgetriebene Bauch zeugen von dauerndem Hunger und unvorstellbarer Not. Miriam kennt keine Spielzeugläden, keine elektrischen Puppen, die „Mami" sagen, wenn man ihnen auf den Bauch drückt, keine Bonbons und andere Köstlichkeiten, die hierzulande den kleinen Leuten das Leben (angeblich) versüßen. Sie kann auch nicht lesen, schreiben und rechnen, denn Schule ist für sie ein Fremdwort.

Alles, was Miriam in ihren jungen Lebensjahren kennengelernt hat, sind ein paar armselige Grashütten, in denen ihre Familie und zwölf weitere Familien eines kleinen Krals im Südwesten des afrikanischen Landes Subäquatoria leben. Das Dorf, zu dem außer 150 Menschen noch ein halbes Dutzend magerer Kühe, drei Dutzend ebenso magerer Schweine sowie einige Ziegen und Hühner gehören, ist so unbedeutend, daß es nicht einmal einen Namen hat.
Und ebenso ist in dem Dorf etwas nicht zu finden, das für seine Bewohner lebensnotwendig ist: Wasser. Im Umkreis von fünf Kilometern findet sich kein Brunnen, kein Wasserloch, keine Zapfstelle. Miriams Mutter Gora und ihre zwölf Jahre alte Schwester Susanna holen an jedem Morgen, manchmal auch am Nachmittag, zwei Blechkanister des kostbaren Nasses. Zehn Kilometer, an manchen Tagen 20 Kilometer, legen sie dabei zurück — barfuß durch die Steppe laufend. Und häufig läuft Miriam mit ihnen, so weit sie ihre kleinen Füße tragen.
Die Wasserbehälter schleppen die Frauen und Mädchen auf dem Rücken, mit einem Band um die Stirn festgehalten. Mutter Gora ist mit etwa 30 Lebensjahren bereits krumm. Auch Susannas Figur hat keine Ähnlichkeit mehr mit den schönen Bildern, die europäische Reisebüros in ihren Prospekten von jungen afrikanischen Mädchen zeigen.
Hart und eintönig verläuft das Leben im Kral der kleinen Miriam schon seit Jahrzehnten. Früher einmal gab es einen Brunnen mit viel Wasser in der Nähe des Dorfes. Aber dann machten die Bewohner einen großen Fehler: Sie verdreifachten ihren Viehbestand. Das Vieh jedoch weidete das fruchtbare kleine Gebiet in der Umgebung des Brunnens ab. Als kein Gras mehr da war, trocknete der Steppenboden aus. Und kurze Zeit darauf versiegte der Brunnen. Bittere Armut und Krankheiten zogen in das kleine Dorf ein. Die Ernten wurden schlechter und schlechter, die Männer gingen fort, um

Arbeit zu suchen. Seit dieser Zeit gehört Wasserschleppen zur täglichen Arbeit der Frauen und Mädchen.

Der Sohn des Dorfältesten jedoch wußte einen Ausweg. „Wenn am Großen Fluß, etwa 20 Kilometer vom Kral entfernt, ein Staudamm gebaut würde", so sagte er, „könnten wir ein Wasserrohr hierher verlegen. Wir hätten gutes Wasser zum Trinken, unsere Frauen müßten nicht mehr so weit laufen, unsere kargen Felder könnten bewässert werden. Bald kämen auch die Männer wieder zurück."

Mehrmals, zuletzt vor zwei Jahren, war er in der Hauptstadt seines Landes, um dem Ministerium für Planung und Entwicklung diese Idee vorzutragen. Bislang hatte er den Eindruck, nicht ernst genommen zu werden — zumal das Projekt viel Geld kostet. Und Geld ist Mangelware in Subäquatoria.

Seit gestern wird er ernst genommen. Denn fast 10.000 Kilometer Luftlinie von seinem Dorf entfernt, schloß der subäquatorianische Planungsminister einen Vertrag mit dem deutschen Entwicklungsministerium in Bonn. Er wird 35 Millionen Mark in den Südwesten Subäquatorias bringen. Für eine Musterfarm, eine Düngemittelfabrik — und für den Bau eines Staudamms.

Staudammbau ist ein schwieriges Unternehmen, das viel Zeit in Anspruch nimmt. Auch der Bau des Staudamms im Südwesten von Subäquatoria wird einige Jahre dauern. Doch er wird kommen und mit ihm das Wasser in den Kral der kleinen Miriam. Wenn sie — wie normalerweise die Mädchen in Subäquatoria — mit 14 Jahren ihr erstes Baby haben wird, sieht ihre Zukunft und die ihres Kindes besser aus als die Gegenwart ihrer Mutter Gora und ihrer Schwester Susanna.

Variation **16**

AUGSBURGER ALLGEMEINE

Hilfe für die ärmste Region

Bonn bildet Schwerpunkt in Subäquatoria / Interview mit BMZ-Staatssekretär

Bonn (Eig. Bericht). „Die Bundesregierung bemüht sich darum, mit ihrer Entwicklungspolitik zur Befriedigung der Grundbedürfnisse der Menschen in der Dritten Welt beizutragen." Dies erklärte der Staatssekretär des Bundesministeriums für wirtschaftliche Zusammenarbeit am Mittwoch in einem Gespräch mit unserem Bonner Korrespondenten.

Der Staatssekretär, der seinen Wohnsitz in Augsburg hat und zu den prominenten Bürgern unserer Stadt zählt, hatte an diesem Tag eine neue entwicklungspolitische Vereinbarung mit dem afrikanischen Land Subäquatoria unterzeichnet. Sie sieht für dieses Jahr eine Unterstützung in Höhe von 35 Millionen Mark vor, wovon 30 Millionen als Kredit und fünf Millionen als Zuschuß gewährt werden.

Wie der Staatssekretär gegenüber unserem Bonner Korrespondenten weiter betonte, sollen die Gelder ausschließlich in den Südwesten des Landes fließen, der zu den ärmsten Regionen dieses Landes gerechnet wird. „Hier sollen insbesondere die Entwicklung der Landwirtschaft, die Bewässerung und die Energieversorgung gefördert werden", erklärte er.

Vereinbart wurde der Bau einer Musterfarm, einer Düngemittelfabrik und eines Staudamms. Zusätzlich werden Gelder zur Ausbildung der subäquatorianischen Mitarbeiter in diesen Projekten bereitgestellt.

Der Staatssekretär stellte gegenüber unserem Bonner Korrespondenten ferner mit Befriedigung fest, daß Subäquatoria die Unterstützung aus der Bundesrepublik außerordentlich würdige. Der Leiter der subäquatorianischen Delegation, der dortige Minister für Planung und Entwicklung, habe ihm ausdrücklich „für die großzügige Hilfe der Bundesrepublik in den vergangenen zehn Jahren gedankt".

Insgesamt hat die Bundesrepublik Deutschland seit Mitte der 60er Jahre diesem afrikanischen Land Entwicklungshilfe in Höhe von 180 Millionen Mark zur Verfügung gestellt. Davon entfielen 145 Millionen Mark auf die Finanzielle Zusammenarbeit (Kredite) und 35 Millionen Mark auf die Technische Zusammenarbeit (Zuschüsse).

Variation 17

General-Anzeiger
Unabhängige Tageszeitung für die Bundeshauptstadt Bonn und Umgegend
Bonner Stadtanzeiger   Rhein-Sieg-Zeitung

Bundespräsident empfängt afrikanischen Minister

Bonn. Zu einem Meinungsaustausch über Fragen der internationalen Nord-Süd-Politik wird der Bundespräsident am heutigen Donnerstag den zur Zeit in Bonn weilenden subäquatorianischen Planungs- und Entwicklungsminister in der Villa Hammerschmidt empfangen. Die Unterredung hat nach Auffassung informierter Kreise einen höheren Stellenwert als routinemäßige Höflichkeitsbesuche von Politikern aus der Dritten Welt.
Es ist bekannt, daß der Bundespräsident sich sehr für die Probleme der Entwicklungspolitik interessiert. Die Gespräche mit dem afrikanischen Minister sind darüber hinaus Teil der internen Vorbereitung einer zehntägigen Afrikareise, die in einem knappen halben Jahr auf dem Reiseprogramm des Bundespräsidenten steht. In ihrem Verlauf wird er voraussichtlich vier Länder des „Schwarzen Kontinents" besuchen.
Ebenfalls auf dem Besuchsprogramm des afrikanischen Politikers steht ein Besuch im Bonner Rathaus, wo ihn der Bürgermeister empfangen und er sich in das Goldene Buch der Stadt eintragen wird. Am Mittwoch hatte sich der subäquatorianische Minister im Bundesministerium für wirtschaftliche Zusammenarbeit aufgehalten. Dabei sagte ihm der Staatssekretär des BMZ für das laufende Jahr Entwicklungshilfe in Höhe von 35 Millionen Mark zu.

Variation **18**

Bonner Rundschau
UNABHÄNGIGE ZEITUNG FÜR BONN UND UMGEBUNG

Aus Diplomatie und Gesellschaft
(Auszug)

... Ein weiterer Empfang fand am Mittwochabend in der Residenz des Botschafters von Subäquatoria im Bad Godesberger Prominentenviertel statt. Anlaß war der offizielle Besuch des subäquatorianischen Ministers für Planung und Entwicklung. Der Chronist vermerkte unter den Gästen an Prominenz lediglich einen Staatssekretär. Ansonsten waren außer den Wirtschaftsreferenten der afrikanischen, asiatischen und lateinamerikanischen Botschaften in Bonn nur zahlreiche Mitglieder des BMZ zugegen. Man blieb unter sich. Bonns „Entwicklungshelfer" hatten wieder einmal eine Familienfeier ...

Variation 19

Wiesbadener Tagblatt

Gegründet 1852 Hessische Neueste Nachrichten 126. Jahrgang

Hoher Besuch im Rhein-Main-Gebiet

Afrikanischer Minister zu Gast bei den beiden größten deutschen Entwicklungshilfe-Institutionen

Wiesbaden/Bonn (Eig. Bericht). Die beiden bedeutendsten Institutionen der deutschen Entwicklungshilfe wird der subäquatorianische Minister für Planung und Entwicklung am Freitag dieser Woche besuchen. Der afrikanische Politiker, der sich zur Zeit an der Spitze einer Regierungsdelegation seines Landes in der Bundesrepublik Deutschland aufhält, wird am Vormittag Gast der in Frankfurt ansässigen „Kreditanstalt für Wiederaufbau" (KW) sein und am Nachmittag die „Deutsche Gesellschaft für Technische Zusammenarbeit" (GTZ) in Eschborn aufsuchen.
Der Vorsitzende des GTZ-Aufsichtsrats, der Staatssekretär des Bundesministeriums für wirtschaftliche Zusammenarbeit, hat am Mittwoch in Bonn mit dem subäquatorianischen Minister vereinbart, daß dessen Land in diesem Jahr Entwicklungshilfe in Höhe von 35 Millionen Mark erhalten wird. Dabei geht es, wie unser Bonner Korrespondent berichtet, in erster Linie um die Förderung der Landwirtschaft in der südwestlichen Region, die zu den ärmsten Gebieten des Landes gehört. Dort sollen eine Musterfarm, eine Düngemittelfabrik und ein Staudamm gebaut werden.
Dies bedeutet, daß auf die in der Nähe von Wies-

baden beheimatete GTZ neue Aufträge zukommen. Pro Jahr wickelt die GTZ, die eine bundeseigene GmbH ist, in 75 bis 80 Entwicklungsländern 350 bis 400 Projekte im Volumen von rund 500 Millionen Mark ab; etwa 1200 deutsche Experten sind dabei im Einsatz. Die Durchführung von weiteren 200 Projekten vergibt die GTZ an Consultings, die dafür etwa 600 zusätzliche Experten einsetzen.
Während die GTZ fast ausschließlich im Rahmen der Technischen Zusammenarbeit (d. h.: Zuschüsse) tätig wird, ist das Hauptinstrument der Finanziellen Zusammenarbeit im Bereich der Entwicklungspolitik die KW in Frankfurt am Main. Diese Spezialbank, kurz nach Ende des Zweiten Weltkrieges von Bund und Ländern gegründet und mit einer Milliarde Mark Grundkapital ausgestattet, hat unter anderem die Aufgabe, die Entwicklungskredite der Bundesrepublik Deutschland an Länder der Dritten Welt zu vergeben und abzuwickeln. Pro Jahr bearbeitet die KW durchschnittlich 100 Darlehensverträge mit knapp 50 Entwicklungsländern (Gesamtvolumen: Rund zwei Milliarden Mark).
Nach seinen Aufenthalten in Eschborn und Frankfurt wird der subäquatorianische Minister noch nach Berlin fliegen und dort den neuen Sitz des Deutschen Entwicklungsdienstes (DED) besuchen. Der DED entsendet pro Jahr etwa 300 Entwicklungshelfer in Länder der Dritten Welt; zur Zeit sind sie in 21 Staaten im Einsatz. Seit seiner Gründung vor rund 15 Jahren hat der DED nahezu 5.500 Entwicklungshelfer entsandt.

Variation **20**

**Drei Afrikaner stellten
Nachtklub-Rekord auf!**

Bonn. Riesentrubel im Nachtklub „Papagei-l" in einem Bonner Vorort. Drei tiefschwarze Afrikaner stellten gestern einen Klub-Rekord auf: Sie spendierten den anwesenden Gästen genau 100 Flaschen Champagner. Die sieben Damen des Etablissements, deren Berufsbekleidung „oben ohne" ist, kamen mit dem Ausgießen nicht mehr nach. Auch sonst hatten sie Hoch-Betrieb.
„So was habe ich noch nicht erlebt", sagte die blonde, langhaarige Mireille (bürgerlich: Marliese M.) zu „Bild". Weit nach Mitternacht zahlten die Gäste ohne Murren, wie üblich bar in der Bar. Mireille: „Mehr als 14.000 Mark — alles in funkelnagelneuen Hundertern."
Die drei Afrikaner gehören einer Delegation aus Subäquatoria an, die zur Zeit Deutschland besucht. Heute sind sie Gäste des Bundeskanzlers. Am Mittwoch erhielten sie 35 Millionen Mark Entwicklungshilfe. Daher die Spendierlaune?

Variation 21

Urwaldzauber ohne Wirkung

Bonn, exp — Hilfe erhoffte sich der Staatssekretär des Entwicklungshilfe-Ministeriums von dem Gastgeschenk eines Afrikaners. Doch seine Hoffnung wurde enttäuscht.
Der Leiter der subäquatorianischen Regierungsdelegation, die am Mittwoch 35 Millionen Mark Entwicklungshilfe vom BMZ erhielt, revanchierte sich für diese großzügige Zusage mit einem besonderen Geschenk. Er überreichte seinem deutschen Verhandlungspartner einen Talisman: Eine alte, handgeschnitzte Elfenbeinfigur.
Der afrikanische Politiker, Sohn eines ehemaligen Häuptlings: „Diese Figur symbolisiert einen guten Geist unseres Stammes. Sie hilft besonders, die bösen Geister zu beschwören, die Schmerzen im Bereich des Kopfes bringen."
In Bonn allerdings versagte der gute Geist aus Afrika. Am Tage nach seinen Verhandlungen mit den Subäquatorianern mußte sich der BMZ-Staatssekretär zur Behandlung in eine Klinik für Kieferchirurgie begeben. Er hatte die Nacht zuvor wegen Zahnschmerzen nicht geschlafen.

Variation **22**

BRD-Kapital stützt Imperialismus in Afrika

Bonn (UZ). Mit 35 Millionen Mark Steuergeldern der werktätigen Bevölkerung wird die Regierung der BRD die rechtsradikale Regierung von Subäquatoria unterstützen, die vor zehn Jahren durch einen faschistischen Putsch gegen die antiimperialistische Friedensbewegung in diesem afrikanischen Land die Macht usurpiert hat. Die BRD-Regierung stützt damit eine Junta in der Dritten Welt, die aufs engste mit den faschistischen Regimen von Südafrika und Chile kooperiert.

Im Namen von Millionen Werktätigen forderte der Vorsitzende der DKP am Mittwoch den Kanzler der BRD auf, dieser, den wahren Interessen der Arbeiterklasse in der BRD widersprechenden Politik eine Absage zu erteilen und die 35 Millionen Mark dem Solidaritätsfonds des Internationalen Büros für Antiimperialismus, Antifaschismus und Anti-Neokolonialismus zur Verfügung zu stellen.

Variation 23

DKP verurteilt BRD-Kanzler

Bonn (ND). Im Namen von Millionen westdeutschen Werktätigen forderte der Vorsitzende der DKP am Mittwoch den Kanzler der BRD in Bonn auf, endlich den internationalen Kampf gegen Imperialismus, Faschismus und Neokolonialismus zu unterstützen. Anlaß für den Appell der DKP war eine finanzielle Zusage der BRD-Regierung an die Regierung des afrikanischen Landes Subäquatoria, die vor zehn Jahren durch einen faschistischen Putsch gegen die antiimperialistische Friedensbewegung in diesem Land die Macht usurpiert hatte. Die BRD-Regierung stütze damit eine Junta in der Dritten Welt, die aufs engste mit den faschistischen Regimen von Chile und Südafrika kooperiert, stellte dazu die angesehene westdeutsche Zeitung „Unsere Zeit" fest.

Variation **24**

DER SPIEGEL
DAS DEUTSCHE NACHRICHTEN - MAGAZIN

Aus der Rubrik „Panorama":

Waffenexporttrick

Deutschlands Waffenschmiede haben ein weiteres Loch entdeckt, um ihre todbringenden Produkte in der Republik Südafrika an den (weißen) Mann zu bringen. Seit Wochen laufen, wie in Bonn zu hören ist, Schiffe aus europäischen NATO-Ländern den Freihafen der subäquatorianischen Hauptstadt an. An Bord: Einzelteile deutscher Militärfahrzeuge samt schießfähigem Equipement. Dort werden sie, amtlich deklariert als „Polizeiausrüstung", von Vertretern einer Briefkastenfirma in Empfang genommen, deren Eigentümer in Pretoria sitzen sollen. Die Strohmänner führen die Waffenstücke in Subäquatoria ein, lassen sie mit wenigen Handgriffen montieren und führen sie umgehend wieder aus. Dergestalt „NATO-sauber" gemacht, gelangen sie dann auf umgebauten Küstenschonern nach Südafrika. Subäquatorias Planungsminister, der letzte Woche in Bonn 35 Millionen Mark Entwicklungshilfe kassierte, kommentierte dieses Dreiecksgeschäft zum Nachteil seiner, um ihre Freiheit kämpfenden afrikanischen Brüder gegenüber dem SPIEGEL mit einem achselzuckenden „no comment".

Variation **25**

DIE ZEIT
WOCHENZEITUNG FÜR POLITIK · WIRTSCHAFT · HANDEL UND KULTUR

Entwicklungshilfe — auch für uns

Selten wurde so deutlich, welch untergeordnete Rolle das Thema Entwicklungspolitik in der Bundeshauptstadt spielt, wie in der vergangenen Woche. Während bei Minister-Besuchen „bekannter" und „interessanter" Länder Fernsehen und Rundfunk sich um Interviews reißen, Dutzende von Fotografen die Tatorte umlagern und die Nachrichtenagenturen ausführlich selbst Nebensächlichkeiten vermelden, erregten die Verhandlungen des subäquatorianischen Ministers für Planung und Entwicklung den Aufmerksamkeitsgrad der Visite einer Kreistagsdelegation aus Ostfriesland.
Nichts gegen die Ostfriesen. Aber der afrikanische Politiker, der in Bonn zu Gast war, gehört außerhalb unserer Landesgrenzen zu den bekanntesten und am meisten gehörten Vertretern der Dritten Welt. Nur in Bonn gilt er nichts — ebenso wie das Thema, das den eigentlichen Inhalt seines Besuches bildete.
Wieso das alles? Die ganze Welt redet von der dringenden Notwendigkeit einer Reform der Weltwirtschaftsordnung, weil es den Armen immer schlechter und den Reichen immer besser geht — und weil es eigentlich im Interesse der Reichen liegen müßte, den Armen sinnvoll zu helfen. Denn sonst steht in der Tat zu befürchten, was ein prominenter Amerikaner einmal so umschrieben hat: „Wo es eine Handvoll Privilegierter und ein Millionenheer ver-

zweifelter Armer gibt, ist es nur eine Frage der Zeit, wann eine Entscheidung zwischen den politischen Kosten einer Reform und dem politischen Risiko einer Rebellion getroffen werden muß."

Betrachten wir das Thema einmal aus der Sicht des nationalen Interesses. 35 Millionen Mark werden Subäquatoria in diesem Jahr zur Verfügung gestellt. Das heißt mit anderen Worten: Die Bundesrepublik hilft einem Staat, sich selbst zu entwickeln, damit es den Menschen dort besser geht und sie ihre Menschenrechte wahrnehmen können: Ein Dach über dem Kopf, ausreichend zu essen, eine gesunde Familie, Erziehung und Ausbildung, Möglichkeiten zum Arbeiten undsoweiter undsofort.

Zugleich jedoch hilft diese Entwicklungshilfe auch uns. Denn nur starke wirtschaftliche Partner sind in der Lage, auf unseren Märkten Waren und Güter zu kaufen und mit uns Handel zu treiben. Zwischen 800.000 und 1,14 Millionen Arbeitsplätze der deutschen Export-Industrie hängen von Aufträgen aus Entwicklungsländern ab. Fallen sie einmal plötzlich weg — und diese „Waffe" in den Nord-Süd-Auseinandersetzungen muß man realistischerweise in Betracht ziehen —, bedeutet das für uns eine Verdoppelung unserer gegenwärtigen Arbeitslosenzahl.

Die Folgen wären nicht auszudenken. Aber diese Folgen sind vermeidbar. Als zweitstärkste Wirtschaftsmacht der westlichen Welt liegt es in unserem ureigensten Interesse, die Dritte Welt zu unterstützen. Denn nur so sichern wir die Zukunft — die der Entwicklungsländer und unsere eigene.

Merke: „Solidarität schließt Eigeninteresse durchaus ein" (politischer Leitsatz eines ehemaligen Bundesministers für wirtschaftliche Zusammenarbeit).

Variation 26

DEUTSCHES ALLGEMEINES SONNTAGSBLATT

Ziffern und Zahlen

Die Deutschen zahlen den Subäquatorianern in diesem Jahr 35 Millionen Mark Entwicklungshilfe. Diesen Eindruck mußte erhalten, wer einen Großteil der Gazetten las, die in der vergangenen Woche über den Besuch einer Delegation aus diesem afrikanischen Land aus Bonn berichteten. Doch sind zwei Aussagen in diesem Satz grundsätzlich falsch: Die Worte „zahlen" und „in diesem Jahr".
Entwicklungshilfe ist nicht nur in Theorie und Praxis ein schwieriges Geschäft, sondern auch in ihrer sprachlichen Darstellung. Zunächst einmal: Der größte Teil der 35 Millionen Mark, die Subäquatoria zugesagt wurden, sind Kredite — 30 Millionen Mark, die zu einem günstigen Zinssatz von zwei Prozent ausgeliehen werden; sie müssen innerhalb von 30 Jahren zurückbezahlt werden, wobei die ersten zehn Jahre Freijahre sind (die Rückzahlungsmoral der Länder der Dritten Welt ist übrigens ausgezeichnet). Lediglich fünf Millionen Mark werden Subäquatoria als „Zuschuß" gegeben, d. h. geschenkt.
Zweiter Punkt: Das Geld wird nicht in diesem Jahr ausbezahlt, sondern in Raten — je nachdem, wie schnell sich die Projekte, für die es vorgesehen ist (Musterfarmen, Düngemittelfabrik, Staudamm), verwirklichen lassen. Im Durchschnitt „läuft" ein Projekt zwei bis sieben Jahre; dabei gibt es wie bei uns Arbeits- und Finanzierungspläne, die eingehal-

ten werden müssen. Jede deutsche Mark, die in ein Land der Dritten Welt fließt, wird dreimal kontrolliert, was im übrigen von vielen Staaten als eine gewisse „Bevormundung" angesehen wird (Stichwort: Souveränität).

Entsprechend dieser Praxis ist der Etat des BMZ in zwei Sparten aufgeteilt: In die Rubrik „Verpflichtungs-Ermächtigungen" (VE) und in die Rubrik „Baransatz". Mit den VE eines Jahres werden Zuschüsse und Kredite für die kommenden Jahre zugesagt; mit den Baransätzen werden Zusagen vergangener Jahre eingelöst. Der Entwicklungsminister führt also einen „doppelgleisigen" Haushalt.

Diese kaufmännischen Grundregeln nicht genügend der Öffentlichkeit klar gemacht zu haben, ist ein Manko der deutschen Entwicklungspolitik, auf das viele Mißverständnisse und Vorurteile zurückzuführen sind. Oder sollte damit verschleiert werden, daß die deutschen Leistungen in Wirklichkeit gar nicht so hoch sind?

Andere Länder — Schweden, Norwegen, Niederlande beispielsweise — geben wesentlich mehr Entwicklungshilfe als die Deutschen, das Doppelte bis Dreifache. Die Entwicklungsländer wissen dies. Für die Bundesrepublik Deutschland wird es höchste Zeit, auf diesem Gebiet mehr zu leisten, mit mehr Transparenz und mit mehr Glaubwürdigkeit.

Variation **27**

Deutsche Zeitung
Christ und Welt

Kleckerei

Mit 180 Millionen Mark hat die Bundesregierung in den vergangenen zehn Jahren Subäquatoria unterstützt. Es mag sein, daß dadurch den Menschen in diesem afrikanischen Entwicklungsland ein bißchen geholfen werden konnte. Aber was hat die Bundesrepublik Deutschland politisch davon?
Subäquatoria gehört zu den Mitgliedern der „Gruppe der 77", jenem geschlossenen Block von mittlerweile mehr als 110 Entwicklungsländern, die am lautesten nach einem Umsturz der Weltwirtschaft rufen. Sein Planungsminister ist einer der Wortführer in den internationalen Gremien. Und das Ziel seiner Attacken sind neben Amerikanern, Japanern und Engländern wir Deutsche.
Zehn Jahre Entwicklungshilfe haben es nicht vermocht, Subäquatoria auf der internationalen politischen Bühne zu einem Freund der Bundesrepublik zu machen. Die sozialliberale Bundesregierung hat dabei — im wahrsten Sinne des Wortes — viel Kapital verspielt.
Die Koalition muß sich jetzt entscheiden, welchen Weg sie in Zukunft beschreiten will: Den Weg der „freien" Entwicklungshilfe, der den Vorwurf des „häßlichen Deutschen" zementiert; oder den Weg der vernünftigen Entwicklungspolitik, der Freunde schafft.
Kleckern oder klotzen heißt die Alternative. Zur Zeit wird in Bonn politisch nur gekleckert.

 Variation 28

Hilfe zur Ausbeutung

Der beste Weg, den Entwicklungsländern zu helfen, sei die Einstellung von Entwicklungshilfe. Dies stellten die Teilnehmer einer internationalen Tagung zum Thema „Die Dritte Welt und der wirtschaftliche Kolonialismus" zum Abschluß ihrer Veranstaltung in Berlin fest. Sie wiesen in einem Grundsatzpapier darauf hin, daß trotz aller Entwicklungs- „Hilfe" in Höhe von vielen Milliarden Mark die Kluft zwischen Arm und Reich in den vergangenen zwei Jahrzehnten nicht kleiner, sondern größer geworden sei. Macht und Kapital der „Multi's" seien gewachsen, die wirtschaftliche Abhängigkeit vieler Regierungen der Dritten Welt von ihnen habe zugenommen. Diese Entwicklung sei von den Industriestaaten gefördert worden, deren staatliche Kredite und Zuschüsse an Entwicklungsländer in erster Linie den internationalen großen Privatfirmen zugute kämen. An die Bundesregierung, die am vergangenen Mittwoch dem afrikanischen Land Subäquatoria weitere 35 Millionen Mark zur Verfügung gestellt hat, appellierten die Teilnehmer der Konferenz, ihre Entwicklungs-„Politik" total zu revidieren. Wenn Bonn aus „übergeordneten Gründen" sich nicht zu einem Stop von Entwicklungshilfe entschließen könne, müsse zumindest die breite Mehrheit der benachteiligten Bevölkerungsschichten in der Dritten Welt gefördert und jeglicher Transfer von Kapital an die „Multi's" unterbunden werden.

Variation 29

Sternschnuppen

Afrikaner sind als Gäste
für die Frau mit Party-Tick
zur Verschönung ihrer Feste
eigentlich das Allerbeste,
letzter Schrei, ganz einfach chic.

Sie erfreuen viele Damen
per Geschenk aus Ebenholz,
mitgebracht, woher sie kamen;
Elfenbein und Knochenrahmen,
Trommeln voller Urwaldstolz.

Zusätzlich zu Souveniren,
meine ich, man sollte da
intensiv und hart studieren
und die Bläckies durchprobieren
aus Subäquatoria.

 Variation **30**

Der Mann mit dem goldenen Herzen

Zu Besuch beim Staatssekretär
im Entwicklungshilfe-Ministerium

Der große Raum im dritten Stock des Bonner Entwicklungshilfe-Ministeriums ist einfach, aber geschmackvoll eingerichtet. Ein riesiges Bücherregal an der einen Längsseite, eine Weltkarte hinter dem Arbeitsstuhl, auf den Tischen neben den Besuchersesseln kleine Kostbarkeiten aus aller Herren Länder. Weit schweift der Blick aus den breiten Fenstern: Von der Godesburg über die Vororte Friesdorf, Dottendorf und Kessenich bis hin zum Prominenten-Wohnviertel am Venusberg.
Der Mann, der hier täglich zwölf bis fünfzehn Stunden arbeitet, ist innerhalb der Bundesverwaltung der „Mann mit dem goldenen Herzen". Als Staatssekretär des BMZ ist er oberster Dienstherr einer Behörde, deren Aufgabe es ist, sich um das Wohl der Menschen von Asien, Afrika und Lateinamerika zu kümmern.
Tagtäglich geben sich Besucher und Delegationen aus etwa 100 Entwicklungsländern die Klinke in die Hand. Letzter prominenter Gast war der Minister für Planung und Entwicklung aus Subäquatoria, ein hochgebildeter Afrikaner. Mit ihm vereinbarte der Bonner Staatssekretär Entwicklungshilfe für dieses Land in Höhe von 35 Millionen Mark.
„Wir legen besonderen Wert darauf, daß unser Geld

für die wirklich armen Menschen ausgegeben wird, für jene, die am Rande des Existenzminimums dahinvegetieren müssen", betonte der Staatssekretär in einem Gespräch mit unserem Reporter.

Und dann sprudeln Zahlen aus ihm heraus: In der Dritten Welt sind 150 Millionen Menschen arbeitslos, 250 Millionen haben keine richtige Wohnung, 500 Millionen müssen hungern, 700 Millionen leiden an Krankheiten, 800 Millionen sind Analphabeten.

Und weiter: Die Sterblichkeitsrate von Müttern und Kindern ist in vielen Entwicklungsländern achtmal höher als in den Industrienationen. Die durchschnittliche Lebenserwartung beträgt teilweise nur 35 Jahre. In vielen Millionenstädten lebt jeder zweite Einwohner in Slums. Nur ein Drittel aller Menschen in Entwicklungsländern hat Zugang zu sauberem Wasser. Und viele hundert Millionen Familien müssen mit einem Einkommen von 300 Mark auskommen — im Jahr, nicht in einer Woche wie bei uns.

„Das Herz kann mir bluten, wenn ich an dieses unendliche Leid denke", sagte der Staatssekretär unserem Reporter. „Und besonders, wenn ich vergleiche, in welchem Wohlstand unsere 61 Millionen Mitbürger in der Bundesrepublik Deutschland letzten Endes leben können."

Aber der Staatssekretär verzagt nicht. Sein täglicher Kampf um ein besseres Leben für die Mitbewohner unseres „Raumschiffes Erde" in drei Kontinenten geht weiter. „Das ist unser aller verdammte Pflicht und Schuldigkeit."

Variation **31**

♀Emma

Entwicklung . . .

Leiter der deutschen Delegation:	1 Mann
Mitglieder seiner Delegation:	3 Männer
Leiter der Delegation aus Subäquatoria:	1 Mann
Mitglieder seiner Delegation:	2 Männer
Sprecher des BMZ:	1 Mann
Kaffeeservieren bei der Verhandlung:	2 Frauen
Zusammenlegen der vorbereiteten Akten:	2 Frauen
Schreiben der Presseverlautbarung:	1 Frau
Vermittlung wichtiger Telefonate:	1 Frau
Saubermachen nach der Verhandlung:	2 Frauen
Zusammen:	8 Männer
	+ 8 Frauen
	= Gleichberechtigung

Variation **32**

Vorwärts

Gegründet 1876. Von Wilhelm Liebknecht und Wilhelm Hasenclever

Gesucht: Eine neue Politik

Die Sprecher von Bundesregierung und Ministerien gaben sich wortkarg wie immer, als der subäquatorianische Entwicklungsminister Ende vergangener Woche nach mehrtägigen Gesprächen mit führenden Politikern und 35 Millionen Mark Entwicklungshilfe-Zusagen für das laufende Jahr die Bundeshauptstadt wieder verließ. Zwei Motive könnten für das amtliche Schweigen in Frage kommen: Das Desinteresse der Vertreter der öffentlichen (sprich: veröffentlichten) Meinung am großen Zukunftsthema „Nord-Süd" oder das mangelnde Interesse der Regierung selbst an diesem Politik-Bereich.
Ein dritter Grund wäre denkbar, allerdings wagen in Bonn nur wenige, ihn ernsthaft in Erwägung zu ziehen: Die Bundesregierung ist dabei, in aller Stille eine neue Politik zu entwickeln, eine Strategie für ihre Beziehungen gegenüber der Dritten Welt. Eine solche dritte Phase der deutschen Außenpolitik ist — nach der Westpolitik Adenauers und der erfolgreichen Ostpolitik Willy Brandts — seit geraumer Zeit überfällig.
Tatsache ist: Der Ruf der Deutschen in der Dritten Welt ist nicht der allerbeste. Und dies hat seine Gründe — unabhängig von den „Leistungen" deutscher Entwicklungshilfe und ihrer Vertreter. Um nur einen einzigen anzuführen: Die hierzulande

vertretene These der grundsätzlichen Trennung von Wirtschaft und Politik. Wie soll ein Bonner Diplomat bei den Vereinten Nationen einem asiatischen, afrikanischen oder lateinamerikanischen Kollegen erklären, warum die Bundesregierung zwar einerseits die deutsche Landwirtschaft privilegiert und subventioniert — aber auf der anderen Seite keinen Einfluß auf die Geschäftspraktiken deutscher Unternehmen beispielsweise in Südafrika nehmen will, die ein ungerechtes Regime stützen? Hat das Menschenrecht auf Nahrung eine andere Qualität als das Menschenrecht auf Selbstbestimmung?

Ähnliche Widersprüche ließen sich im Dutzend aufzählen. Es ist deshalb dringend notwendig, nicht nur eine neue und saubere Definition von „Nord-Süd-Politik" zu finden, sondern sie auch in praktische Politik umzusetzen. In der hiesigen Administration ebenso wie in den Botschaften, in denen allzu oft die Uhr vor Jahrzehnten stehengeblieben zu sein scheint. Um es auf eine Kurzformel zu bringen: Entwicklungspolitik heute ist Außen-, Wirtschafts- und Sicherheitspolitik, nicht nur eine Facette neben diesen Politikbereichen.

Um diesen Neubeginn in Gang zu setzen, sind keine langatmigen Theorien, keine „gewichtigen" Kabinettsvorlagen, keine zeitraubenden interministeriellen Arbeitskreise notwendig. Nötig ist die Artikulierung des politischen Willens. Und dazu ist der Bundeskanzler samt seinen Kabinettskollegen aufgerufen.

Variation 33

Erfolg für F.D.P.-Minister

Zukunftsweisende Gespräche mit einem prominenten Politiker der Dritten Welt führten jüngst der Vizekanzler und Außenminister sowie der Bundeswirtschaftsminister in Bonn. Die beiden der F.D.P. angehörenden Regierungsmitglieder hatten den subäquatorianischen Minister für Planung zu Gast, der für sein Land 35 Millionen Mark Entwicklungshilfe erhielt. In den Gesprächen unterstrichen die liberalen Bonner Politiker die feste Überzeugung der F.D.P., daß die Entwicklungspolitik der Bundesregierung das Ziel verfolge, den Freiheitsraum des einzelnen in allen Ländern zu erhöhen.

Kurz nach dem Besuch des afrikanischen Ministers waren in Bonn erneut Gerüchte zu hören, daß das Bundesministerium für wirtschaftliche Zusammenarbeit aufgelöst und als Sonderabteilung dem Auswärtigen Amt angegliedert werden solle; nur so könne eine liberale Außen- und Entwicklungspolitik „aus einem Guß" praktiziert werden. Eine Bestätigung für solche Überlegungen war jedoch nicht zu erhalten.

Variation **34**

DEUTSCHES MONATSBLATT
CHRISTLICH DEMOKRATISCHE ZEITSCHRIFT FÜR POLITIK, WIRTSCHAFT UND KULTUR

Reif für eine Ablösung

Entwicklungspolitische Unterstützung von 35 Millionen Mark hat der Staatssekretär des Bundesministeriums für wirtschaftliche Zusammenarbeit in der vergangenen Woche Subäquatoria zugesagt. Der Besuch einer Delegation dieses afrikanischen Landes in Bonn war für das „Deutsche Monatsblatt" Anlaß zu einem Interview mit dem Vorsitzenden des Bundesfachausschusses Entwicklungspolitik der CDU, der gleichzeitig der Leiter des zuständigen Arbeitskreises der CDU/CSU-Bundestagsfraktion ist.

Frage: „Subäquatoria gilt als eines der Schlüsselländer in den internationalen Nord-Süd-Beziehungen. Wie beurteilen Sie, Herr Abgeordneter, die jüngsten Vereinbarungen der Bundesregierung mit diesem Land?"

Antwort: „Die Bundesregierung hat wieder einmal alles falsch gemacht, was man falsch machen kann. Eine falsche Politik mit einem falschen Land zu einem falschen Zeitpunkt."

Frage: „Woran liegt dies Ihrer Meinung nach?"

Antwort: „Das liegt daran, daß die Politik der sozialliberalen Koalition in ihren Grundzügen verkehrt angelegt ist — nicht nur im innen-, sozial-, außen- und verteidigungspolitischen Bereich, sondern gerade auch auf dem Feld der Entwicklungspolitik."

Frage: „Können Sie das näher ausführen?"

Antwort: „Natürlich, gerne. Was im Innern unseres Landes gilt, gilt auch für unsere Außenbeziehungen. Wir haben den letzten Bundestagswahlkampf unter dem Motto ‚Freiheit statt Sozialismus' geführt. Wohin Deutschland treibt, sehen Sie selbst. Die sozialistischen Systemveränderer sind am Werk; sie haben auch die meisten Liberalen in der Koalition vor ihren Karren gespannt. In die gleiche Richtung treibt unsere Außenpolitik samt der Entwicklungspolitik. Ich sehe große Gefahren für dieses unser Land."

Frage: „Welche Alternativen zur gegenwärtigen Entwicklungspolitik schlagen Sie vor?"

Antwort: „Wir haben unsere Grundsätze in unseren ‚Leitlinien' festgeschrieben. Sie gelten unvermindert weiter. Lassen Sie mich jedoch eines noch hinzufügen: Es ist Zeit für einen Wechsel, für einen Wechsel nicht nur an der Spitze des BMZ, sondern auch im Bundeskanzleramt."

Frage: „Eine letzte Frage, Herr Abgeordneter: Wären Sie bereit, das verantwortungsvolle Amt des Entwicklungsministers zu übernehmen?"

Antwort: „Ich will den Überlegungen unserer zuständigen Parteigremien nicht vorgreifen. Aber wenn ich gerufen werden sollte, würde ich mich natürlich einem solch ehrenvollen Ruf nicht entziehen."

Variation **35**

BAYERNKURIER
DEUTSCHE WOCHENZEITUNG FÜR POLITIK WIRTSCHAFT UND KULTUR

Sozialismus statt Freiheit

Vor genau einem Monat hat die „DDR" in der Hauptstadt von Subäquatoria ihre jüngste Botschaft in der Dritten Welt eröffnet. Ganze 20 Tage später war der Planungsminister dieses Landes zu Besuch in Bonn und kassierte 35 Millionen Mark Entwicklungshilfe bei der vom Verfall bedrohten Bundesregierung ab. Moskaus bester Verbündeter im Westen honorierte mit diesem Geld den Weg einer afrikanischen Nation von der Freiheit in den Sozialismus, geebnet von Moskaus treuestem Vasall im Osten. Späte, aber logische Folge der verfehlten sog. „Ostpolitik" der sozialistischen Systemveränderer in Bonn.

Variation **36**

WELT DER ARBEIT
_{Wochenzeitung des Deutschen Gewerkschaftsbundes}

Zweigleisige Entwicklungspolitik

Bei der Industrialisierung der Dritten Welt
ist eine deutsche Strukturpolitik erforderlich

Arbeitslosigkeit — das spüren wir in der Bundesrepublik seit einigen Jahren sehr hart — gehört zu den schlimmsten Geiseln der Menschheit. Wir haben hierzulande mit den Problemen von einer Million beschäftigungslosen Kolleginnen und Kollegen zu kämpfen. In den westlichen Industrieländern sind es zusammen mehr als 15 Millionen.
In der Dritten Welt jedoch sieht die Situation noch viel schlimmer aus. Seriöse Schätzungen besagen, daß in den Entwicklungsländern durchschnittlich 40 Prozent der erwerbsfähigen Bevölkerung ohne geregelte Arbeit sind („echte" und „versteckte" Arbeitslosigkeit zusammen). In nackten Zahlen: 150 Millionen Menschen waren Mitte der 70er Jahre ohne Einkommen. Bis zum Beginn der 80er Jahre wird sich — wegen der Bevölkerungsexplosion — diese Zahl auf 300 Millionen verdoppeln.
Nicht zuletzt deswegen fordert der DGB seit Jahren, daß in den Entwicklungsländern besonderer Wert auf die Schaffung von Arbeitsplätzen gelegt werden muß. Er unterstützt dabei die Entwicklungspolitik der Bundesregierung, mit Vorrang solche Projekte zu fördern, die nicht kapital-, sondern arbeitsintensiv sind, d. h.: bei deren Verwirklichung viele Menschen Arbeit und Einkommen finden.

Als jüngstes Beispiel für eine solche Politik kann die Vereinbarung der Bundesregierung mit Subäquatoria gelten, wo im armen südwestlichen Landesteil die Voraussetzungen geschaffen werden sollen, die Produktion von Nahrungsmitteln zu steigern. Es ist Sache der in Subäquatoria im Aufbau befindlichen Gewerkschaftsbewegung, dabei darauf zu achten, daß die geplante Düngemittelfabrik und der Staudamm nicht mit modernsten Maschinen aus dem Boden gestampft werden, sondern daß sinnvoll die Arbeitskraft der Menschen eingesetzt wird.

Mit einer solchen Entwicklungspolitik weiß sich der DGB solidarisch. Problematisch wird Entwicklungspolitik jedoch dann, wenn im Zuge der Industrialisierung der Dritten Welt ganze Produktionsbereiche aus der Bundesrepublik in Entwicklungsländer ausgelagert werden. Denn dadurch gehen bei uns Arbeitsplätze verloren.

Entwicklungspolitik darf deshalb nicht als Einbahn-Straße gesehen werden. Wenn wir die wirtschaftliche Entwicklung der Dritten Welt unterstützen, müssen wir gleichzeitig dafür sorgen, daß unsere eigene Entwicklung nicht darunter leidet. Die berechtigten Interessen der deutschen Arbeitnehmer erfordern, daß die Bundesregierung auch auf diesem Gebiet tätig wird.

In der Sprache der Wirtschaftspolitiker heißt dies: Vorausschauende Strukturpolitik. Von ihr sind wir allerdings leider noch weit entfernt. Auch die Bundesrepublik Deutschland braucht Entwicklungshilfe.

Variation 37

WIRTSCHAFTS WOCHE

Einziges Plus

Der größte Bauherr von Düngemittel-Fabrikationsanlagen in Deutschland reagierte schnell. Kaum hatte eine subäquatorianische Delegation in der vergangenen Woche die Bundeshauptstadt verlassen, lag ein Fernschreiben des Firmenmanagers auf dem Tisch des Staatssekretärs im Bundesministerium für wirtschaftliche Zusammenarbeit. Sein Inhalt: Wenn schon die Bundesregierung einem afrikanischen Land beim Bau von Düngemittelfabriken helfe, dann möge sie sich dabei des deutschen Know-how bedienen. Andernfalls sei festzuhalten, daß eine Wettbewerbsverzerrung zum Nachteil der deutschen Wirtschaft betrieben werde.
Die Ablehnung dieses Vorab-Antrags auf einen Vorab-Auftrag erfolgte umgehend. „Eine Lieferbindung besteht bei den Entwicklungshilfe-Leistungen der Bundesrepublik Deutschland seit einigen Jahren nicht mehr", heißt es in dem Schreiben des Staatssekretärs (Aktenzeichen: Sts/EG-217-III). Der Fabrikant möge sich an der internationalen Ausschreibung der subäquatorianischen Regierung beteiligen, mit der in Kürze zu rechnen sei. Dafür wünsche man ihm viel Erfolg.
Die Nicht-Liefergebundenheit ist das Paradepferd der deutschen Entwicklungspolitik, wahrscheinlich das einzige. Sie besagt, daß die Länder der Dritten Welt nicht verpflichtet sind, mit deutschen Krediten und Zuschüssen auch in Deutschland die Ausrüstung

und Materialien für ihre Projekte zu bestellen; sie können das für sie günstigste Angebot auf dem Weltmarkt suchen. Ein Entwicklungsfachmann: „Dadurch sparen sie 15 bis 20 Prozent Kosten!"
Nichtsdestoweniger hat „Made in Germany" in weiten Teilen der Dritten Welt einen guten Ruf. Etwa zwei Drittel aller Kredite und rund 90 Prozent aller Zuschüsse an Entwicklungsländer fließen in Gestalt von Aufträgen an deutsche Unternehmen in die Bundesrepublik zurück; bei den deutschen Beiträgen für internationale Organisationen (EG, Weltbank, UN) sind es manchmal sogar einige hundert Prozent.
Unter dem Gesichtspunkt der Außenwirkung wäre es sinnlos bis schädlich, die Nicht-Lieferbindung wieder aufzuheben, wußte vergangene Woche ein hoher Beamter des Auswärtigen Amtes festzustellen. Und selbst im Bundeswirtschaftsministerium ist man sich darüber im klaren, daß nach einer Wiedereinführung der früher praktizierten Lieferbindung keine müde Mark mehr und kein zusätzlicher Arbeitsplatz die gesamtökonomische Situation der Bundesrepublik verbessern helfen könnte.
Hinzu kommt ein ideologischer „Überbau", den selbst ausgewachsene Ordoliberale gelegentlich übersehen: Wer für den Binnenmarkt eines Landes das Prinzip der freien Marktwirtschaft verteidigt, muß bereit sein, sich auch auf internationalen Märkten danach zu richten. Abgesehen davon: Es schadet nichts, wenn deutschen Unternehmern auch im Ausland eine frische Wettbewerbsbrise um die geschäftstüchtigen Nasen weht.
Subäquatorias Planungsminister jedenfalls weiß Bonns Großzügigkeit in Sachen Nicht-Liefergebundenheit zu schätzen, die längst nicht von allen Industrieländern geteilt wird. „Die Deutschen können stolz auf dieses Prinzip sein", erklärte er am Freitag letzter Woche beim Besuch eines Großunternehmens im Ruhrgebiet.

Variation 38

Der Hunger in der Welt wächst

Die Ernährungslage in den Entwicklungsländern ist, obwohl die Nahrungsmittelproduktion in den vergangenen Jahren zum Teil erheblich gesteigert werden konnte, nach wie vor unbefriedigend. Bereits auf der Welternährungskonferenz im Jahre 1974 in Rom schätzte die Welternährungsorganisation FAO, daß 462 Millionen Menschen unterernährt sind und daß diese Zahl bis zum Jahre 1985 auf 750 Millionen ansteigen wird.
Etwa jeder vierte Mensch in der Dritten Welt leidet Hunger, ist falsch oder unterernährt. Auffällig sind dabei die regionalen Unterschiede: In Asien sind rund 30 Prozent, in Afrika 25 Prozent, im Nahen Osten 18 Prozent und in Lateinamerika 13 Prozent aller Menschen unterernährt. Fast jedes zweite Kind unter fünf Jahren leidet an den Folgen der Fehlernährung.
Um Hungerkrisen großen Ausmaßes zu vermeiden, müßte die Nahrungsmittelproduktion weltweit jährlich um 3,6 Prozent steigen. Nach Schätzungen der FAO werden bis zum Jahre 1985 rund 85 Millionen Tonnen Getreide auf der Welt fehlen; diese Menge ist mit knapp 45 Milliarden D-Mark zu bewerten.
Die deutschen Landwirte begrüßen es deshalb, daß die Bundesregierung in ihrer Entwicklungspolitik besonderen Wert auf die Förderung des ländlichen Raums legt. Ein gutes Bild für eine solche Ent-

wicklungshilfe gibt beispielsweise die Vereinbarung, die in der vergangenen Woche in Bonn mit dem subäquatorianischen Planungs- und Entwicklungsminister getroffen wurde. Sein Land wird in diesem Jahr 35 Millionen Mark für die landwirtschaftliche Entwicklung der armen Südwest-Region erhalten.

Gleichzeitig fordern die deutschen Landwirte allerdings von der Bundesregierung und der Kommission der Europäischen Gemeinschaft, daß die EG den Entwicklungsländern in wesentlich höherem Umfang als bisher europäische Überschuß-Produktionen an Nahrungsmitteln zur Verfügung stellt. Dadurch kann ein wesentlicher und konstanter Beitrag zur Lösung der kritischen Nahrungsmittelversorgung der Dritten Welt geleistet werden. Zugleich wird auf diesem Wege sichergestellt, daß die deutschen Landwirte ein gesichertes regelmäßiges Einkommen erzielen.

Variation **39**

ADAC motorwelt

Beitrag zur Benzinversorgung

Die Bundesregierung beschreitet in ihrer Energiepolitik unkonventionelle, aber gute Wege. Auf Anregung des Bundeswirtschaftsministeriums hat das Bonner Entwicklungshilfe-Ministerium jetzt seine Zahlungen an das afrikanische Land Subäquatoria erhöht, in dem große Erdölvorkommen geortet wurden. Es gilt als sicher, daß Subäquatoria bereits in zwei Jahren mehrere Millionen Tonnen Erdöl in die Bundesrepublik Deutschland exportieren kann. Dadurch wird ein Beitrag zur besseren Versorgung der deutschen Autofahrer mit Benzin gewährleistet.

Variation **40**

Aus der Programmvorschau für Samstagabend

23.15 Uhr, 1. Programm:

Begegnungen mit natürlichen Menschen in einer natürlichen Welt: Die National Folklore Dancers aus Subäquatoria bieten traditionelle Tänze ihrer Heimat dar. 45 Minuten lang tanzen und singen rassige Frauen und kraftvolle Männer. Höhepunkt: Ein Fruchtbarkeitstanz.
Drei Wochen lang hatte sich ein Aufnahmeteam der ARD im Busch aufgehalten. Was es mitgebracht hat, beweist: Der Urwald ist ganz anders. Wer das Schöne und die Exotik liebt, kommt bis Mitternacht voll auf seine Kosten.

Variation **41**

Tierfreund

Gefahr für seltene Tierart

Die krummbeinige Gazellenantilope, von der es nur noch wenige tausend Exemplare in der unberührten Steppenlandschaft des südwestlichen Subäquatoria gibt, ist vom Aussterben bedroht. Der Grund dafür ist in den Entwicklungsplänen der Regierung von Subäquatoria zu sehen, die das Gebiet wirtschaftlich erschließen will. Es steht zu befürchten, daß der Bau von Straßen, Großfarmen, Düngemittelfabriken und Staudämmen so viel Unruhe in diese bislang ruhige Landschaft bringt, daß die dort lebende krummbeinige Gazellenantilope vertrieben wird. Aber ihre Chancen, neuen Lebensraum zu finden, sind gleich Null, denn weit und breit gibt es keine vergleichbare Landschaft. Der Präsident der „Deutschen Gesellschaft zur Erhaltung seltener Tierarten in Afrika e. V." hat deshalb in einem persönlichen Schreiben an den Staatspräsidenten von Subäquatoria appelliert, sich dafür einzusetzen, daß die krummbeinige Gazellenantilope vor der Ausrottung bewahrt wird. Eine solche Haltung wäre, so schrieb der Präsident, „ein unsterblicher Beitrag zur Geschichte der Menschheit".

Postludium

Haben Sie, geneigter Leser, es bemerkt? Das afrikanische Entwicklungsland Subäquatoria existiert. Ebenso die Pressemitteilung des BMZ und die in diesem Buch abgedruckten Meldungen, Interviews, Kommentare und Reportagen. Nur hat Subäquatoria einen anderen Namen. Und manchmal liegt es nicht in Afrika, sondern in Asien oder Lateinamerika. Die trockene Ministeriums-Verlautbarung ist dann ebenso richtig wie die farbigen Variationen dieses Themas in den einzelnen Redaktionsbeiträgen. Eine angewandte Medienstilkunde nennt der Autor das Ergebnis seiner Versuche, in die Haut von 41 prominenten deutschen Journalisten zu schlüpfen und so zu tun, als ob. Ausdrücklich bittet er alle Medienmitarbeiter und Medienbenutzer, die sich oder ihr Hausorgan nicht „getroffen" sehen, um ihr Verständnis ...

... mit freundlichen Grüßen aus Subäquatoria.

Der Autor: Hans Lerchbacher, Jahrgang 1940 und wohnhaft in Bonn, ist von Beruf Journalist. Mehr als 13 Jahre lang war er Redaktionsmitglied der „Frankfurter Rundschau", für die Dauer von gut zwei Jahren leitete er die Pressestelle des Bundesministeriums für wirtschaftliche Zusammenarbeit.

Inhalt

PRÄLUDIUM 5

DAS THEMA
Bundesministerium
für wirtschaftliche Zusammenarbeit . . . 9

DIE VARIATIONEN
1. Deutsche Presseagentur (dpa) 15
2. Deutscher Depeschendienst (ddp) . . . 17
3. Deutschlandfunk (DLF) 18
4. Zweites Deutsches Fernsehen (ZDF) . . 19
5. ARD, Deutsches Fernsehen 20
6. Deutsche Welle (DW) 21
7. Parlamentarisch-Politischer Pressedienst . 24
8. Evangelischer Pressedienst (epd) . . . 25
9. Katholische Nachrichtenagentur (KNA) . 27
10. Frankfurter Rundschau 29
11. Frankfurter Allgemeine 31
12. Süddeutsche Zeitung 34
13. DIE WELT 36
14. Handelsblatt 38
15. Westdeutsche Allgemeine (WAZ) . . . 40
16. Augsburger Allgemeine 43
17. General-Anzeiger, Bonn 45
18. Bonner Rundschau 46
19. Wiesbadener Tagblatt 47
20. Bild-Zeitung 49

21.	EXPRESS	50
22.	unsere zeit	51
23.	Neues Deutschland	52
24.	DER SPIEGEL	53
25.	DIE ZEIT	54
26.	Deutsches Allgemeines Sonntagsblatt	56
27.	Deutsche Zeitung / Christ und Welt	58
28.	berliner EXTRA-dienst	59
29.	stern	60
30.	Das goldene Blatt	61
31.	Emma	63
32.	Vorwärts	64
33.	liberal	66
34.	Deutsches Monatsblatt	67
35.	Bayernkurier	69
36.	Welt der Arbeit	70
37.	Wirtschaftswoche	72
38.	Deutsche Bauern-Korrespondenz	74
39.	ADAC motorwelt	76
40.	Hörzu	77
41.	Tierfreund	78

POSTLUDIUM	79
Inhaltsverzeichnis	83